No me nombres

No me nombres

ELISAURA VÁZQUEZ AYALA

No me nombres

© 2019 Elisaura Vázquez Ayala

Primera Edición 2019

Edición de autor

ISBN: 9781795067676

Portada: Alexandra Muñiz
Instagram: @colibri.montuno

Foto de Portada: Michelle R. Britto

Contraportada: Alexandra Muñiz

Foto de Contraportada: Adaira Rojas Santana
Instagram: @adairarojas_fotoarte

Edición: Alberto Martínez Márquez

Maquetación: Fernando E. E. Correa González
Instagram: @fencorrea

Hecho en Puerto Rico.

Agradecimientos

No hacemos nada solos. Ningún sueño o meta se alcanza sin la intervención de alguien más en respaldo al impulso. *No me nombres* se materializó en los brazos abiertos y el conocimiento de personas maravillosas como Alberto Martínez-Márquez, Adaira Rojas Santana, Alexandra Muñiz, Fernando E. E. Correa González, Ivelinda Miranda Lorenzo y Mariely Valentín-Llopis. Gracias por aportar a mis logros con su talento.

Dedicado a mis amigas.

"Y me veo claridad ahuyentando la sombra
vaciada en la tierra desde el hombre."
"Íntima" por Julia de Burgos

Índice

Hay poemas

Hay poemas tan poderosos
que se quedan con todo,
hasta con la voluntad del poeta.
Hay poemas destilados como conjuros,
y requieren permiso.

Sus palabras,
entes de alquimia perfecta,
abren y cierran heridas.
Abren y cierran el todo.

Se declaman,
acariciando,
descomponiendo,
reconciliando átomos y universos.

Los ojos se multiplican
cuando la garganta se expande
y los dientes estrillan.

¿Sabes lo que digo?

Hay poemas que relampaguean,
en la lengua, en la piel,
entre las piernas.
Se recitan a sí mismos.
Saben lo que son,
sin la culpa y sin el poeta.

¿Me recuerdas?

¿Me recuerdas?
Me hice brisa entre los árboles,
me disolví en los riachuelos de agua fresca;
llevo milenios, religiones, sociedades, guerras
en los recuerdos de mi existencia.

No me nombres,
se me cansaron los sabios,
de tanto cincelarme su verdad en el cuerpo.

El viento, el tiempo,
borran las heridas de los juicios tontos
que tantas veces me costaron la vida.
¡MI VIDA!

Cuando se me deshacen las carnes,
sonrío
y los consejeros, los sacerdotes, los poderosos,
nuevamente enloquecen.

Soy los pergaminos, las tumbas,
los secretos que el mundo ha escondido.
Soy la energía que se libera después de cada
condena.

Me nace un cuerpo de hojas, mariposas y flores,
cuando el universo me besa,
y juego a que el hombre y sus verdades no existen.
Se me llena el cosmos de paz y de belleza.

Regreso a ti... ¿Me recuerdas?

Soy tu lágrima más dolida,
la oveja perdida.
La amenaza que crea el balance perfecto,
la que muere en cada intento.
La incalculable y repetida ofrenda.
El alma que se libera.

Camino de regreso

Camino de regreso
de los días y noches
a oscuras.
Del latido casi extinto,
de una fe
que agonizó en mis manos.

Vengo de existir inútilmente,
de mis sueños perdidos,
de los ojos abiertos sin descanso.
Del azote de los humanos.
Vengo del abrazo
de mis hijos muertos,
la herida más injusta de todas,
la condena
más condenada.

Es que…
hay demonios
que ajustan deudas en el infierno
cuando no quieres regresar.
Hay vidas,
dolores que se repiten
y sentencias que no se deben aceptar.
Hay desgracias y cobardes.
Hay traidores
y piel amarrada en mi cuerpo.
No hay lugar seguro,
ni siquiera por dentro.

Camino de regreso
a amar con cicatrices,
a acunar en jardines a un mundo siniestro.
Nací sin ley,
con orden de proteger.
¿Y qué se hace con los dañinos?

Regreso...
Espíritu de tormenta,
perfectamente naturaleza,
perfectamente animal
y menos
estúpidamente humana.

Confieso

Confieso
que suelo defraudar a las personas controladoras,
manipuladoras,
fanáticas del berrinche y de la lástima de otros.
Aduladores compulsivos y lambones a sueldo.

Si, confieso
que consistentemente defraudo
a los que llevan agendas escondidas,
a las víctimas de su ego,
a los que se alumbran con lámpara ajena
y esconden el brillo de los demás.
A los que devoran todo el espacio
y se les queda el vacío.

Confieso que me desprendo con facilidad
del camino pantanoso,
de los inquisidores y verdugos que no saben de
libertad.

Confieso que cuando quiero, quiero
y cuando no quiero,
no quiero jamás.

7

De regreso

De regreso al lugar de partida,
subir a la vieja cabaña donde me protegen sus
espacios.
De regreso,
a desempolvar los lomos de los libros pendientes,
regar las plantas moribundas,
recoger los animales realengos.

Gracias por el viaje,
por los nuevos paisajes,
por devolverme sin quedar lejos,
tu intensión siempre es buena pero, Vida...

Tú y yo nos conocemos.
Yo moriré algún día y tú seguirás existiendo.
Yo te extrañare y tú me olvidaras,
como ya a veces me olvidas.

No me llames más con ilusiones
que hasta en tus manos desaparecen.
Vida, déjame descansar que todo en ti termina.
Tú tienes cosas que parecen y no existen
y yo soy sin parecer.

Tú conoces mis heridas,
déjalas sangrar que no tengo prisa.
Las puertas y ventanas siempre están abiertas.
Solo te pido no mientas.
Las ilusiones y mentiras se usan para escribir
pero no para llamarte, Vida.

Vida

Vida,
quiero tantas cosas de ti,
cosas que no me das.
Me siento rabiosa al desearte
y quedarme con ganas.
Espanto de mirarte en las mañanas
sin que nada cambie,
que he pensado repetidas veces abandonarte.

Renunciar sin amenazas,
antes de que se me arrugue la piel
y me salgan canas en ti
a cambio de nada.

He pensado abandonarte,
como se abandona un hombre
que hace todos tus días iguales.

He pensado comenzar de nuevo
y recapitular mis pendientes perdidos.
Esperarte antes, después,
en, entre el otoño es en vano.

Me das tanto coraje,
que le vendí tus promesas
a los budistas,
a los cristianos y a wall street
para un poco también burlarme.

Me alimenté
en tiempos de guerra de tu futuro
y devoré tanto presente
que hoy quiero más ron
y más azúcar,
más agua pura y más verdad.

Hoy quiero amanecerme
para verte llegar como te soñé:
Radiante, coqueta,
intensa, inmortal.

Larguémonos de bohemia.
Conquistemos a los hombres más calientes y
endemoniados,
para quemar las ganas,
para quemar los años,
para darle al tiempo, la oportunidad
de que sea él
quien se canse de estar a mi lado
y extasiada de ti
queriendo más,
estando viva.
Me abandona.

Me acuerdo

Es un vacío y a la vez un llamado.
Es una fuerza bestial que me golpea.
El mundo girando entre mi pecho y mi espalda.
La concepción del universo en mi expresión
irreverente.
Siempre discordante mi verdad, amor.
Soy las hojas felices que se me desprenden de los
dedos, vida.

Ya no quepo en mis raíces,
me desenredo.
La tierra me libera y me comparte con el viento
que me llama niña.
Ahí van mis cosquillas de escarabajos, arañas y
hormigas,
se me escapan por las heridas viejas y me crean
tragaluces.

Estoy tan viva.
Soy la energía de las travesuras perdidas.
La sanadora de los niños lacerados
que juegan en el monte.

Me acuerdo...
Soy la que colecta pájaros caídos,
la que conserva los animales perdidos.
Soy la que la que deja batir sus cabellos
y prendada de sol, devoro pomarrosas.

Soy la más antigua de las hijas de la tormenta,
el musgo de la floresta,
la vieja del bosque que se perfuma de jengibre y
albahaca.
Soy la cazadora,
la que extraña el eco de los ancestros en sus
entrañas.
La naturaleza que ríe a carcajadas,
cuando le florecen poemas en la garganta.

Se me cae el pasado de las vertebras

Se me cae el pasado de las vertebras
y arrastro mi columna vertebral
como alma en pena.

Cantan alabanzas las piedras,
fúnebre mi camino, fúnebre mis huellas.
¡Sonríe! que mi existencia no es eterna,
se la llevarán los sueños que me sueñan.

Mañana será otro día,
de esos que el sol no me besa.
Y me vestiré de azul temprano,
me llevaré mis poemas.
Me interpretará el mar un solo de arrullos,
un grano de arena para la espera.

15

Algo me está buscando

Algo me está buscando,
se está acercando,
perturbador y misterioso.
Me tiene en sus planes
y aún no me he enterado
del punto exacto para encontrarlo
y pedirle sus razones.

Algo me está buscando,
me inquieta en la inconformidad que me rodea.
El pasado me pide soluciones
que no encuentro.
El presente me niega la entrada
si no logro abandonarme.

Algo me está buscando,
tal vez logre desprenderme de mí para salvarme.
El cansancio en la carne me niega la magia
y la tierra soñada no aparece.
Una semilla de alas se alimenta de mí vientre.
Las raíces me están rompiendo el pecho,
me amenazan con huir destrozándome la espalda.
Me confunde mi cobardía y mis motivos de vivir.

Algo me está buscando.
Es un algo, es un algo
y aún no me dice
qué quiere de mí.

Una vela para la luna

Él me ha prendido velas en la entrada de mi casa,
esta en vela esperando que lo deje entrar.
Los demonios revolotean en mi espacio,
mientras estoy desnuda.

Ella se sienta en la espalda de mi sillón,
para ponerme un dedo y penetrar.
Me ha estado rondando,
desde la última vez que tuve miedo
y la llamé…

Ahora es a ella a quien le temo.
Las velas se derriten en la entrada
y los pensamientos entran y salen de mi cabeza,
embistiéndome de emociones descontroladas
que voy plasmando en versos o cartas mentales.
Ya van dos cigarrillos en hora y media
y tres orgasmos mortales.

Se siguen escuchando los pasos
y el miedo se parece más a mi,
inevitablemente paralizante,
inevitablemente seductor.

Cambié el vino por el agua,
otro cigarrillo me espera.
Ella siempre ansía mi soledad.
Espera que aflore mi única voz para seducirme,
para recordarme que lleva mi verdadero nombre,
y soy yo quien vive la vida de espera.

Él está afuera con el fuego frente a mi puerta,
siempre me encuentra.
No tiene permiso para entrar.
Los demonios se van,
ella se vuelve a enojar.
Sale por la puerta.
Rezo un padre nuestro
y me acuesto a dormir en paz.

Explica tu dolor

Te muerdes las uñas,
te muerdes los labios,
como si quisieras alimentar el alma
del propio cuerpo.

Es el vivir y morir de siempre,
es el soñar y despertar
en la orilla de siempre.

Las ganas
se me deprimen
en los charcos de los pasos,
que aún no he dado.

Fuera de mí que,
una devoción sin poema,
alas secas,
sin luz, sin hogar, sin paraíso.

No hay dónde posarse
para dejar que fluya la sangre.
Todos los dedos están sobre tu frente,
presionando los pies adoloridos sobre las piedras.

Explica tu dolor o te lastimo.
Invéntate mil veces,
para decirte que no debes,
que no eres.

Quien eres debe ser,
debe ser como te digo.

Explica tu dolor o te lastimo.
Invéntame un dolor que yo te crea,
de esos que te ponen de rodillas,
para que te bebas las lágrimas
y no te muerdas las uñas y
no te muerdas los labios.

Silencio

Silencio.
No ves que estoy muriendo.
No me alteres la agonía,
déjame escaparme al cementerio,
déjame esconderme entre lápidas
donde no me alcancen sueños nuevos.
Que se pudra mi carne,
que se pudra lo eterno,
con la sal de las lágrimas se conserve lo quieto.
No fluyas sangre,
no me alcances latido,
no quiero enojar los dioses,
no quiero su castigo.
Por favor, Silencio,
ya ves que estoy muriendo.
No interrumpas,
no me alteres la agonía,
déjame escaparme al cementerio.

Inconforme

Si la vida me diera en la vida un poco de vida más,
que me siembre más semillas de alas
y de amor a mí misma.
Que me quite la tristeza de los ojos,
la pereza del alma,
el gusto de la depresión,
la vagancia de las sábanas.
Mi ser inconforme, siempre inconforme,
atragantado de bocados de intensidad
y siglos de cansancio.

Girar en ti es girar de golpe,
en la sonrisa y en la lágrima,
en el gusto de ti misma y el desprecio.
De que te mueres esta vez,
de que vives esta vez.
Que hermosa eres rayo de sol,
que hermosa eres mujer de orillas.
Mírame,
y para que no te mueras un día antes,
juguemos.

Jamás fui una reina

Jamás fui una reina o una diosa.
Fui rebelde, plebeya y asesina.
Jamás comí de la mano de un hombre.
Sembré la tierra
 y la lluvia calmo mi sed.
Construí mi casa sobre tierra firme
y me fui a cazar emperadores, gobernantes,
nobles y burgueses,
mentirosos y manipuladores.
Y con sus lenguas,
construí puentes entre naciones y ciudades.
 En sus altares,
sacrifiqué el hambre
para repartir los panes y los peces,
en nombre de los rebeldes y oprimidos,
y ya cansada
solté la pesada carga.
Me fui a hacer el amor con los poetas,
a beber vino
y a encender hogueras
por la paz..

Siento

Siento
los vientos de los 4 puntos cardinales
cruzar mi pecho con toda su fuerza.
Los rayos nacer de mi garganta.
El sol y la luna bailando en mi cabeza;
y en mi centro:
el encuentro bestial de mi paz y mi furia,
reclamando mi cuerpo.

Hoy estoy loca,
mi carne está en fuego y poco me importa.
Me muero de la risa y me bebo las lágrimas cada
vez que quiera.
Muéranse de envidia los que llevan en vida la vida
muerta.
Que mi historia es mía,
los que la cuentan, sólo la cuentan.

De mis manos, devoro noches, amaneceres y con
humildad pago mis deudas.
Yo, de altar llevo la piel desnuda con las heridas
abiertas.
Que sangren, que se pudran,
que no ha nacido humano,
amor condicionado,
ni tempestad que me consuma la esencia.

Mi ímpetu, mis miedos,
son pasiones con las que me arrastro;
hasta que decido nacer de mi propio útero.

Si no me reconoces,
te confieso y confieso al mundo mi dolor y mi
pena
y te dejo migajas tras de mi rastro para regresar,
sólo si se me olvida que la oportunidad esta
deshecha.

Que en mi alma,
el mar y la lluvia azotan con toda su intensidad,
para quebrar mis fronteras.

No quiero

No quiero.
No me sujeto a las reglas del tiempo.
El viento se desboca en las grietas de mis heridas,
se recicla.
El tiempo no me deja olvidar por donde fluyo la
sangre,
retoca el dolor, lo hace nuevo.
Renuncié a las mentiras que garantizan la paz.

Yo soy la causa perdida… amor.

Se transforma la forma de mi espejo,
me pudro, ya no creo.
Encarcelé las furias de mis verdades,
te deje los ríos y riachuelos limpios de mis señales.
No me quedo con nada, mis latidos vomitan las
tempestades.
Lo devoré todo y sigo tan vacía.
Ya no quiero, no me interesa.

Llevo un hastío

Llevo un hastío,
un cansancio de las cosas
que son y se sienten
pero se esconden.
Me resisto a aceptar como locura mía,
lo que en mis sentidos tiene perfecto sentido.

Llevo un hastío,
una certeza,
una canasta de pensamientos y tiempo perdido.
Llevo el secuestro de mi sombra entre los dedos.

El recorrido no me trajo nada nuevo.
Los espejismos no me entretienen.
No quiero caminar.
Apaciguo el intento,
me conozco.

Llevo un hastío,
un cansancio de las cosas,
en las que debes creer
pero no existen.

Sin ojos

No es un lugar,
es algo que atrapas y vives.
Es una fuerza escondida en todo.
¿Entiendes?

Es eso que asoma el trauma de la verdad.
¿Lo ves?

Son los espacios que se transforman
y se dejan ver sin ojos.
Una señal que lo prueba todo:
El rocío de la lluvia en la piel;
unas gotas colgadas
en el marco de la vieja puerta
que abre al mar.
Acordes de agua que bajan por
tejados oxidados de olvido.
Hay señales que dan un vuelco en el pecho,
un calor entre las piernas,
una risa intensa, íntima,
de muchas épocas.

Hay voces de árboles
que cobijan las posibilidades
y le cuelgan lámparas
como casonas.
Hay calles vacías,
aladas en madrugada,
que te esconden del tiempo que transita
y del mundo extraño.
Hay edificios que te confunden
y te regalan una historia de caricias.

Mientras, recitas un poema en el sofá
y es que,
entre el mar y el río
hay fantasmas de siglos
que pueden hablar.
Hay cuerdas de guitarras
que provocan
y poemas que conjuran
la oportunidad.
Hay besos
que se te funden en el ser,
cuando te vuelves vulnerable
bajo la luna en los tejados.
Lo sé, lo saben todos.
Hay noches que conspiran.

Noches en que todo se vuelve penetrable.
Hay noches
en que el universo en celo
desea tener un orgasmo,
mientras bebe una cerveza.
El maldito destiempo.
Qué poemas esconden los libros viejos
que saben a sal.

Debo aprender

Debo aprender
a llenar de mí
mis espacios, pero
¿qué hago
con el miedo?
¿Con el frío
en la ausencia?

Soy una cobarde
que sueña con fuerza
-ajena-
sin tiempo,
sin coraje,
con excusas,
y en destrucción.

Estar sin ti

Estar sin ti
ha sido como una maldición,
una pena agarrada al alma,
un vacío de siglos.

No dejarte ir
habría sido como un intento suicida,
una guerra declarada,
no tener perdón.

Me lamento
como quien recuerda una vida pasada,
sin que se apiade la paz.

No quiero día de las madres

No quiero día de las madres
si a mi hijo le aprieta el pecho la injusticia.
No quiero día de las madres
si mi hijo primero lucha
y luego entra al salón de clases.
Si sus días no son de playa y son de protesta.
Si sus días no son seguros, ni de descanso.
No quiero día de las madres que alimente el
capital que lo desangra,
abriéndole un espacio en la línea de producción,
segmentando su intelecto.
No quiero día de las madres,
dictados sin mi historia.
No quiero día de las madres
si las tías no han parido sus hijos,
porque están al frente de la guerra
no declarada pero impuesta.
Una lágrima de mi hijo
es la lágrima de un hombre.
No quiero día de las madres
si mi antiguo niño lucha,
mientras los otros comen mierda.

Hay Madres

Hay madres que sólo son madres de los suyos.
Hay madres que son madres de unos pocos.
Hay madres que levantan el machete
para proteger su casa, su comunidad y detienen balas
con su cuerpo.
Hay madres que empuñan lodo y excremento a
cambio de comida.
Hay madres que dan la espalda a sus hijos para
enseñarlos a crecer.
Hay madres que entregan su libertad y son madres de
toda una patria.
Hay madres que trabajan y cuidan sus hijos y los hijos
de madres que no conocen.
Hay madres que asesinan para proteger sus hijos de la
violencia, del hambre y el dolor.
Hay madres que abortan para evitar el mal vivir de su
prole.
Hay madres que luchan, luchan, luchan con sabiduría.
Hay madres prostitutas, drogadictas, locas, abusadas,
señaladas.
Hay madres sin hombre para comprar el pan.
Hay madres olvidadas por sus hijos.
Hay madres de cirugías plásticas y sociedad.
Hay madres que crían hombres y mujeres,
que construyen humanidad y menos soldados para la
guerra.
Hay madres que fundan en el alma de sus hijos
gobiernos de justicia y de igualdad.
Hay madres que simplemente se van.
Hay madres que aman, desean y tienen orgasmos.

Hay madres que solo añoran, mientras su cuota de vida se le acaba.
Hay madres que recogen en su corazón las puñaladas de una sociedad que se caga en su madre y las engaña.

Estoy enfermo

Estoy enfermo.
Estoy enfermo del trabajo,
de esta cadena de mando opresiva,
inconsciente de justicia.

Estoy enfermo
de los que promueven
que cinco centavos es demasiado
para las manos del obrero
y un merecido regalo
para el bolsillo del empresario.

Estoy enfermo del trabajo
que no me alimenta
contra la frustración y el coraje
y me deja con tanta hambre de dignidad.

Estoy enfermo
de esta juventud
que se quiebra con mi espalda.

Estoy enfermo de mentir
para disfrutar un abrazo,
hacer el amor, bailar
y ver el amanecer con mi taza de café.

Estoy enfermo porque quiero estar vivo.
Estoy enfermo
por qué me han destrozado
mi voz de cantor,
mis dedos de artesano.

Estoy asqueado de este mal pago
de esta historia dañina de miedos.
Estoy tan solo entre estos hombres
que no saben que están tan enfermos como yo.

Anoche llamé al jefe.
No fui a trabajar.
Anoche invité a todos mis amigos.
y me fui de fiesta.

El ser humano se acostumbra a todo

El ser humano se acostumbra a todo.
Al abuso sexual infantil,
al abandono de los ancianos,
a la violencia de género,
a la guerra,
al hambre,
a la opresión,
a la sed,
a la injusticia,
a la muerte de la naturaleza,
a la agonía de un animal.

El ser humano olvida.
Olvida dolorosamente.
Olvida las enseñanzas de la abuela.
Olvida el llamado de lo sublime.
Olvida el ave que canto junto a su cuna.
La tierra que le brindo sus juegos.
Los amigos del barrio.

El ser humano consume todo lo que se repite.
Se ahoga sin sentido.
No busca, no cuestiona.
No sale del camino que le envenena el alma
y a cambio: Tortura, asesina, destruye,
deja morir cualquier cosa que lo salve
de sí mismo, de los otros.

El ser humano se acostumbra fácilmente
a vivir sin legado y en vergüenza.

Sobrevivir

A esta hora,
tengo un solo de corazón en mi oído.
El universo me abraza llorando conmigo.
Vivir, sobrevivir.
No existen mundos escalados
sin sangre derramada,
sin demonios con bolsillos llenos,
revolcándose.
Hay coros de mentiras derramándose en mi
estómago.
Rasguño la tierra sacrificada,
esperando su perdón.
Una larga lista de espera para sentir el sol.
Nos embriagamos en la sombra,
callados muy callados.
Mientras,
nos vemos en el espejo de los arrodillados.
Se astilla mi plexo solar.
Explotan mis rizomas para unirse a todo.
Se siente como desear estar muerta
sin lluvia fresca, sin hojas.
Sin salvación.

Átomos al vacío

Declamo mis átomos al vacío.
Duermo abrazada a la espera sin futuro.
Relampagueo bajito.
Hastiada de la energía gastada
con la que deseo besar las grietas de la tierra.
Abrazo un árbol en los lugares muertos para que
puje una flor.
Cansada de que los niños no sonrían,
los viejos mueran en vano
y las bambúas esperen a que desaparezcan los
hombres
para rezarle al sol.

Sólo unos pocos sangran

Me importa el otro;
su dolor me habla de noche
cuando nadie más escucha.
Hay unos pocos que sangran
en el abrazo del mundo,
para que nazcan flores.
La solidaridad,
es una nana para dormir
que esconde la masa detrás del espejo.
La paz,
se la comieron los inconscientes
por amor a sí mismos,
sólo a sí mismos.
Hay migajas en el piso.
¿Alguien me ayuda a sembrar?

Mi Isla

Mi isla, mi paraíso.
Si te pudiéramos ver tal y como eres.
Si supiéramos
lo afortunados que somos en tus brazos.
Seríamos otra historia:
Rostros al sol,
sudor enamorado de la tierra.

Puerto Rico

He visto tu corazón
tus ramas partidas,
tus raíces al aire.

¿Cómo se unen los pedazos
y los rezos de la muerte?
Es un brinco en el pecho de repente.
Es el ansia de paz en la espera.
Es la noche estrellada
detrás de las nubes nubladas.
Es un susurro de fe
tras la ira perfecta.
Florecemos,
heridos, en agonía.

Devastados y florecidos,
devastadas y florecidas,
todas las semillas.

¿La escuchas?

¿La escuchas?
¿La sientes?
Grita en tus oídos
mientras susurra a los sentidos.
La furiosa,
la purificadora.
La María,
Santa María.
La Magdalena santa que no nos engaña.
La de los rostros del terror
y del cansancio temblando en sus brazos.
El Caribe, después del abrazo
del padre del hijo y del espíritu santo,
colonizado.
Azul, rojo, verde.
Marrón quebrado, estigmatizado.
Cuentos de una Borinquén negra,
corrupta, sumisa, explotada,
que sabe morir en silencio.
Consumidora, amante de Wallmart,
productora de carne para experimentos.
De hijos condenados a la guerra.
La que cubre con cenizas su tierra sagrada.
La que hace veneno
sus aguas puras y claras.
Justificada devastación de las almas.
María,
Santa María de los muertos
enterrados sin entierro.

Magdalena que muestra
el rostro de los traidores
y el esperpento de sus corazones
sin patria.
Paraíso genocida de los buitres.
En la maraña,
Atabey colecta nuestros corazones
en su latido ancestral.
¿LA ESCUCHAS?
Susurra su verdad.
¿La sientes?

Regresa

Un Puerto Rico inocente
piensa irse de la isla.
La prensa, el periódico, la radio
les dice
que al otro lado
todo será mejor.

Hay pedazos de Borinquen devorados
por 50 depredadores,
que de tanto comer ilusiones ajenas,
se volvieron estrellas.

Un pedazo de Borinquen
nunca deja de serlo.
Donde va,
lleva consigo
sus dioses y cocoteros.
Donde va,
su conciencia de pitirre
le guía desde el cielo.
¡No le abandone
nuestro más férreo guerrero!

Existen niñas
con barquitos de papel,
que sueñan con amor,
esperando ser revolución.
Existen niñas
que son su tierra donde quiera.

Existen abuelas tainas
que les gritan: "¡Regresa!"

Destierro

Desde la última vez que solté mi lengua,
se me pudren las entrañas de silencio.
Se me hacen frágiles los dientes,
para morderme las palabras,
y lloro por mi dolor venidero
de liberación.

Serán las propias mujeres,
de cambio partido
y de justicia aplastada,
las que me abran la carne
y me tuerzan las salidas.
Las que me tejerán cárceles
con los dedos enredados entre sus hilos nuevos
y sus agujas avergonzadas.

La violencia se me hace lágrimas,
la saliva me sabe a estocada.
Ya se me está olvidando el destierro,
y los que nunca reclamaron mi tumba lejana.
Se me hacen claros los discursos,
en el mar de lenguas muertas que se engañan.

Se le han gastado a las viejas los rosarios,
el agua de las copas y los caracoles.
Las manes de la isla se han mudado a los faros,
iluminan, a pesar de estar al borde de los
acantilados.

Ni negra, ni blanca

Ni negra, ni blanca.
Así todos me descartan,
la mirada de reojo
del hombre negro;
y del hombre blanco,
la burla y la amenaza.
¿De dónde vengo?
¿A mí, quién me reclama?

*   *   *

Siento el llamado de todas mis razas.
La pasión por la música
y la danza descalza.
¿Dónde me parió mi primera madre?
¿Tú, qué sabes?
¿A dónde fue mi padre?
¿Fui un acto de violencia arrancada de raíz?
¿Fui la hija de la negra que me acunó?
¿Fui criada como esclava?
¿Conservada en la casa del hacendado?
Usada, violada, mutilada y abandonada.
¿Cuál fue la teta que me amamantó?
¿Existió algún amor puro de madre que me
conservó?
O fue el férreo anhelo de vida
que la muerte no derrotó.

Llevo en las vidas las heridas de los amos.
Las raspaduras del cañaveral.
El olor en mis dedos del tabaco.
La aguja clavada en los finos calados.
El sol de los besos ardientes de algodón.
El semen no identificado.
La muerte del ocaso en el suelo de mi cama.
El trago de café que engañó al hambre.
La bomba para espantar el dolor.
Trajes usados que causan calor.
Un carimbo decorado con mi piel quemada,
que cada día sana.
Como lloró el hierro.
Como lloró el fuego.
Y como lloré yo.

* * *

Soy la hija de un amor abrazador.
No sé quién me salvó,
mi madre,
el destino,
algún dios.
He aquí mi carne pintada de historia
en un presente que reclama clasificación.
He aquí mi alma furiosa,
la fuerza que marcó mi piel.
Y si alguna vez sangré,
todos vieron mi verdadero color pintar la tierra
y me vieron ponerme de pie
sin cadenas, sin vergüenza.
Soy el viento, la luna, la marea.

Soy la historia oral de mis abuelas.

*   *   *

Camino sin dudas.
Pude haber nacido en cualquier tierra
de cualquier mujer guerrera.
Y soy yo quien va entera
a cualquier rincón del planeta.
Esta vez llámame puertorriqueña.

MIS REDES

elisaurapoesia@gmail.com

Bajo la luna

elisaurapoesia

Made in the USA
Columbia, SC
13 July 2021